NOTICE

SUR

F-A. MALBRANCHE

SA VIE & SES ŒUVRES

SOCIÉTÉ LIBRE DE L'EURE

(Section de l'arrondissement de Bernay)

NOTICE

SUR

F.-A. MALBRANCHE

SA VIE & SES ŒUVRES

Par M. Eugène NIEL

Lue à la séance du Dimanche 23 Juin 1889

Sous la Présidence de M. le Duc de Broglie

BERNAY

IMPRIMERIE Mlles J. ET A. LEFÊVRE

1889

NOTICE

SUR

F.-A. MALBRANCHE

SA VIE & SES ŒUVRES

MESSIEURS,

Votre Société, justement préoccupée de conserver à
la postérité le nom et les exemples de ceux qui se sont
élevés par leurs mérites et leurs vertus, a eu la pieuse
pensée de rendre à la mémoire de l'un de ses enfants
les plus distingués, M. Alexandre Malbranche, au savant
qui avait toujours conservé pour sa ville natale une
vive affection, un respectueux souvenir et un hommage
public de reconnaissance.

Le nom de *Malbranche* ne peut manquer de trouver
dans cette enceinte un sympathique écho. N'a-t-il pas
toujours symbolisé les nobles travaux ? n'est-il pas une
nouvelle preuve qu'il est des familles privilégiées où la
science et les vertus sont également héréditaires ?

Pour ma part, je suis heureux de pouvoir aujourd'hui
m'associer à cette glorification d'un savant modeste
et d'un dévoué confrère, et de contribuer à faire apprécier
l'œuvre considérable, laborieuse, féconde, de celui dont
la science déplore la perte récente. Je vous remercie,
Messieurs, de l'honneur que vous venez de me faire en

me confiant cette mission. Je ne puis cependant me défendre d'une certaine appréhension en prenant la parole devant vous, vous Messieurs qui possédez ce talent d'exposition brillant et distingué qui fait le plus souvent défaut aux naturalistes ; permettez-moi donc de réclamer, en faveur de mon inexpérience, cette bienveillante indulgence à laquelle vous m'avez déjà habitué.

François-Alexandre Malbranche est né à Bernay le 6 avril 1818, c'est là que s'écoulèrent ses premières années, c'est également dans cette ville que, ses études terminées, il fit ses débuts en pharmacie chez un de ses oncles.

Il est à remarquer que, comme beaucoup de savants, chimistes ou naturalistes, M. Malbranche est sorti de la pharmacie. Il semble que dans cette profession, où les trois règnes sont mis en œuvre, la jeunesse lettrée puise un attrait particulier pour les corps de la nature. De cette source sont sortis les trois de Jussieu, Descroizilles, Vauquelin, Parmentier, Chaptal, pour ne citer que les plus marquants.

Après quelques années d'internat passées dans les hôpitaux de Paris où il avait obtenu la quatrième place au concours, M. Malbranche vient se fixer à Rouen, mais, chose curieuse, dit M. Poan de Sapincourt, dans la remarquable notice nécrologique qu'il a consacrée à la mémoire de son regretté prédécesseur à l'Académie de Rouen, « ce passionné de la nature ne laisse pas sans » regret ce Paris où il n'a connu que le travail, dont il » a ignoré les plaisirs raffinés que sa vie studieuse et sa » santé délicate n'ont pas rencontrés. Il lui trouve une » atmosphère de sciences, d'arts et de liberté qui l'attire, » des airs de grandeur et de magnificence, et, ajoute- » t-il, je ne sais quoi de noble et de libéral. De » l'atticisme moderne, le grave jeune homme n'avait » retenu que les beautés, »

D'une activité vraiment surprenante, passionné pour la science, d'un caractère rempli d'aménité, sincère et dévoué dans ses amitiés, heureux de rendre service, M. Alexandre Malbranche fut bien vite estimé et apprécié comme il le méritait.

« Ce qu'il advint à Rouen, » dit encore M. de Sapincourt, « personne ne l'oubliera dans les diverses sociétés » qui l'accueillirent et qui aujourd'hui ont toutes à » montrer nombre de ses travaux. »

Dans toutes il occupe avec distinction et dévouement des postes importants, mais, comme dans ses travaux, M. Malbranche cherchait beaucoup plus une satisfaction intime, un agréable emploi de ses loisirs, qu'un éclat peu en rapport avec la réserve de ses habitudes et les besoins de son esprit.

En 1854, l'Académie des Sciences, Belles-Lettres et Arts de Rouen l'admettait dans son sein, et quelques années plus tard lui confiait les fonctions importantes de secrétaire pour la classe des sciences, fonctions que la maladie seule le forçait de résigner au mois de novembre 1887.

M. Malbranche fut longtemps attaché comme professeur de sciences et d'agriculture à l'Ecole Normale primaire de Rouen, dirigée alors par les Frères des Ecoles chrétiennes. Il avait su apprécier, comme ils le méritent, ces modestes pédagogues et conservé une affection particulière pour les enfants du Vénérable de la Salle.

A la Société d'Agriculture de la Seine-Inférieure, à la Société d'Horticulture, au Conseil Central et Départemental d'Hygiène, à la Société des Pharmaciens de la Seine-Inférieure, à l'Hospice Général dont il fut longtemps le pharmacien en chef dans les divers services qu'il a dirigés, avec une supériorité qui n'était égalée que par sa modestie, mon regretté collègue s'était concilié des amitiés profondes, chacun le trouvait toujours prêt à rendre service, à la disposition de l'érudit comme du plus modeste questionneur.

M. Malbranche avait été heureux de prendre une part active à la fondation de la Société des Amis des Sciences naturelles de Rouen, il était fier d'en avoir provoqué l'essor. « Nous sera-t-il permis » disait-il dans la *Revue de la Normandie* (1), « de constater que le goût
» des sciences naturelles n'a pas pris dans notre indus-
» trieuse cité l'extension que méritent le charme et
» l'importance des objets dont ces sociétés s'occupent?
» Quand nous voyons en Normandie des villes bien
» moins populeuses posséder des réunions de ce genre
» en pleine prospérité, ne pouvions-nous pas espérer
» trouver dans notre centre intelligent et actif les
» éléments de vie de cette nouvelle société. »

Non seulement M. Malbranche fut l'un des fondateurs de notre Société, mais il en fut également le laborieux et zélé pourvoyeur ; pendant vingt-cinq années nous avons eu sa précieuse et savante collaboration. A cinq reprises différentes, il occupe le fauteuil de la présidence et n'en descend que pour recevoir l'honorariat. Ce témoignage d'estime et de sympathie l'avait profondément touché, il écrivait, peu de temps avant sa mort, qu'attaché par les liens de la paternité à l'avenir de la Société des Amis des Sciences, il ne cesserait de s'y intéresser et de contribuer à ses succès dans la mesure de ses forces.

M. Alexandre Malbranche compta d'illustres amitiés. Il aimait à rappeler qu'il avait entretenu une correspondance suivie avec de nombreux savants étrangers, Fries, Schimper, Arnold, de Candolle, et aussi avec Lamouroux,

---

(1) *Revue de la Normandie*. Juillet 1865.

René Lenormand, Delise, Auguste Le Prevost et de Brébisson, botanistes distingués dont notre région normande est fière à juste titre. C'est vers la fin de l'été 1871 qu'il fit sa dernière visite à Alphonse de Brébisson, et c'est en ces termes qu'il nous en fait le récit :

« Nous fûmes ensemble à la Roche-d'Oître pour faire
» nos adieux à cette belle nature où il avait goûté tant
» de joies. Je me souviendrai longtemps de cette
» excursion au milieu d'une lande déserte, couverte
» d'ajoncs, de bois, de rochers étranges. Au fond de
» l'étroite vallée coulait la Rouvre solitaire ; j'escaladais
« avec peine les grandes roches moussues et escarpées ;
» le vent soufflait en tempête, et M. de Brébisson, assis
» dans l'anfractuosité d'une roche avancée, semblait,
» comme le Dieu de ce site sauvage, présider à notre
» exploration. Ce fut, en effet, ses adieux, et je crois sa
» dernière course. »

Passionné botaniste, plus spécialement lichenologue et mycologue, M. Malbranche avait fait de cette dernière science l'objet de ses plus chères études ; malgré les devoirs professionnels il a trouvé le moyen de doter la bibliographie normande d'ouvrages consciencieux et réputés. Son Catalogue des Plantes de la Seine-Inférieure, dont l'impression fut votée par l'Académie de Rouen en 1861, ses travaux sur les Lichens de la Normandie, ses nombreuses notes sur les Champignons Normands, témoignent de son activité vraiment surprenante.

Dans ces dernières années, M. Malbranche, à l'exemple de M. de Brébisson, s'était porté vers l'étude des microscopiques, ces êtres où la nature a peut-être mis ses plus élégants et ses plus merveilleux organismes, *in minimis natura præstat.*

« De différents côtés, » disait M. Malbranche, « en
» France comme à l'étranger, ces études reprennent

» faveur, cette immense classe de végétaux voit venir à
» elle de nouvelles recrues, et garde encore beaucoup
» de secrets aux investigateurs à venir. Elle est inté-
» ressante à tant de titres. Poison ou aliment, parasite
» ou destructeur, le plus grand nombre de ces espèces,
» dans leur évolution lente, continue, générale, attaque
» et compromet la matière vivante ou achève la des-
» truction de la matière qui a vécu, se développant
» aux dépens des derniers vestiges d'une sève épuisée
» et des tissus mourants ; au point de vue seul de la
» science, rien de plus curieux que le polymorphisme
» de ces appareils, que leur délicate et élégante organi-
» sation. »

M. Malbranche a publié d'importants travaux sur les
champignons, il fut aussi l'un des plus précieux colla-
borateurs du savant auteur de l'immense encyclopédie
mycologique, M. Saccardo de Padoue qui lui dédia le
genre *Malbranchea* (1).

Lorsque notre regretté compatriote était déjà en lutte
avec la maladie « ses chères plantes », dit M. de Sapincourt, « furent alors et encore sa distraction, ses der-
» nières consolations, et les témoins de sa résignation
» et de son silencieux courage. Qui de nous, passant
» par la rue de Joyeuse, devant la maison où habitait
» cet homme de bien, n'a pas vu à la fenêtre du rez-
» de-chaussée, penché sur son microscope, Alexandre
» Malbranche ; on admirait cette constance, cette vail-
» lance suprême, et on souhaitait de tout son cœur,
» pour ce chercheur passionné, quelques dernières
» joies, quelques heureuses trouvailles qui jetteraient
» au moins une lueur de bonheur sur cette lente et
» patiente agonie d'une vie laborieuse s'achevant si
» tristement. »

---

(1) Bailleu. Dictionnaire de Botanique. Paris, Hachette et Cie.

Cette nature d'élite ne se contentait pas seulement de l'étude des végétaux et de tout ce qui s'y rattache, ces hautes questions de philosophie qui divisent aujourd'hui les naturalistes, avaient eu le privilège d'attirer son attention et d'éveiller son esprit investigateur.

A une époque où l'on ne parlait pas encore de darwinisme, M. Malbranche avait cru opportun de faire des recherches sur l'évolution et le transformisme, aussi ne fut-il pas indifférent aux polémiques · qui s'établirent aussitôt que les ouvrages de Darwin firent leur apparition. Il s'empressa de refuter, dans un important et intéressant mémoire (1), les théories du savant anglais.

« Les espèces végétales ou animales », écrivait alors M. Malbranche, « sont-elles certaines, immuables,
» résultant de créations spéciales à l'origine des cho-
» ses ? sont-elles sorties des mains de Dieu, achevées,
» complètes, typiques, à leur heure, au fur et à mesure
» que se réalisaient sur la terre les conditions néces-
» saires à leur existence ? Ou bien, résultent-elles de
» l'évolution progressive d'un type unique se perfec-
» tionnant sans cesse, sous les influences du sol, du
» climat, de l'habitude ? Tel est le grand problème que
» la science a posé. Aujourd'hui, je veux écarter toute
» préoccupation théologique ou philosophique, et, me
» plaçant uniquement sur le terrain scientifique, mon·
» trer que le transformisme, même à ce point de vue,
» ne repose sur aucune base sérieuse, que cette théorie
» consiste dans des hypothèses plus ou moins ingé-
» nieuses dont aucun fait naturel n'établit la vraisem-
» blance. Géologiquement parlant, où sont aujourd'hui
» les équivalents de ces grandes races d'animaux dont

____

(1) Le Transformisme, ses origines, ses principes, ses impossibilités. Précis de l'Académie de Rouen. 1872-73.

» les squelettes nous étonnent ? Les plus savants natu-
» ralistes, Linné, Buffon, de Jussieu, dans ses derniers
» écrits, Cuvier, Flourens, de Candolle, Agassiz, de
» Quatrefages ont soutenu notre doctrine, elle s'accorde
» avec ce sentiment intuitif, universel, d'un Dieu créa-
» teur ; il a fait son œuvre parfaite, logique, complète,
» immuable, obéissant à des lois dont la science ne
» connaît pas encore toute l'économie, mais à l'étude
» desquelles l'esprit s'applique avec bonheur, ravi de
» découvrir, à travers les incomparables beautés de la
» nature, la main divine qui a créé ces merveilles. »

J'ai tenu, Messieurs, à vous citer en entier ce pas-
sage de la remarquable étude de M. Malbranche, il vous
met à même de juger avec quelle netteté et quelle
éloquence l'auteur expose, sur ce sujet délicat, ses vues
et ses convictions.

Il faut bien reconnaître aujourd'hui que les partisans
de l'immutabilité des espèces sont en présence d'adver-
saires sérieux et convaincus, mais la lutte n'en conti-
nuera pas moins ardente et passionnée, l'incompréhen-
sible, dans l'univers, se dresse encore immense en face
du compréhensible, et le plan que Dieu a suivi pour la
production et le développement de la vie ne nous a pas
encore été révélé.

Nous restons dans le domaine de l'inconnu. Les ana-
logies, les conséquences, les probabilités peuvent seules
être discutées ; c'est avec ces ressources qu'il faut
étudier le système de Darwin.

Comme l'a si bien dit M. Poan de Sapincourt, M. Malbranche cherchait, avant tout, à résoudre cette formule
de l'équilibre de l'intelligence et de la foi et à rester
croyant dans la science et savant dans ses croyances.
Peu de savants, dit de son côté M. Paul Allard, surent
joindre à une étude plus serrée des faits un spiritua-
lisme plus élevé et plus chrétien.

Admirateur passionné de la nature, notre regretté collègue savait en louer les beautés dans un style élégant, coulant, souvent recherché et poétique. Écoutez plutôt cet extrait de l'un de ces récits de voyage dans les Pyrénées (1).

« Le lendemain ! Jour inconnu, incertain, qui détruit,
» plus souvent qu'il ne confirme, nos projets, nos espé-
» rances, même les moins déraisonnables. Jour terrible
» quelquefois, si l'on pouvait savoir ce que tu nous
» réserves, si tes heures sonneront joyeuses ou déso-
» lées, si elles passeront rapides ou lentes dans leur
» course, occupées par le plaisir ou remplies par
» l'angoisse ! combien plus prudents et plus sages
» seraient les projets de l'homme ! Heureux ceux qui
» s'en tiendraient aux illusions de la veille, à la poësie
» de l'espérance, quand le lendemain ne doit apporter
» que des déceptions amères et de tristes réalités ! » Un
peu plus loin il s'écrie, en voyant le temps compro-
mettre une excursion projetée dans la montagne :« Som-
» mes-nous donc venus de l'autre bout de la France,
» pour rester au pied de la montagne, ne pas voir ses
» sauvages et sublimes aspects, ne pas entendre l'har-
» monie de ses cascades, ne pas gravir ces cîmes altiè-
» res où les aigles ont établi leur demeure ? Retourne-
» rons-nous sans avoir détaché un morceau de ses
» marbres, sans avoir cueilli un bouquet de ses fleurs ?
» La Normandie est si loin ! qui sait si jamais nous
» reviendrons dans ces lieux tant désirés ? Les voilà
» devant nous et nous repartirons sans les visiter ! Un
» rayon de soleil appuya mon éloquence. Je remerciai
» le ciel de ce secours inespéré qui décida les plus
» hésitants. »

------

(1) *Revue de la Normandie* 1864, 1er semestre.

Les hautes montagnes, les beaux sites de la Suisse
et des Pyrénées n'effaçaient pas pour lui le souvenir de
son pays natal, avec quelle satisfaction il revoyait ces
riants vallons tant de fois parcourus pendant son
enfance : « Cette belle vallée de la Risle, si riche, si
» animée, depuis l'ancienne ville de Beaumont, qui
» montre encore les arceaux pittoresques de son anti-
» que Prieuré, jusqu'à Brionne dont le vieux donjon
» est encore debout. Qui n'admirerait la limpidité et
» l'abondance des eaux qui se divisent à l'envi et sem-
» blent quitter à regret ces fertiles prairies, les nom-
» breuses usines disséminées dans la vallée, mais
» surtout la ramification industrielle qui, de Serquigny,
» remonte avec la Charentonne jusqu'à Bernay, la
» coquette église de Beaumontel, le village pittores-
» que de la Rivière-Thibouville ! De chaque côté des
» bois immenses et la forêt de Beaumont forment un
» cadre délicieux à cette charmante vallée, jadis paisi-
» ble et ignorée, lorsque dans notre jeunesse nous
» venions y passer nos vacances. Avant nous, le pied
» d'un botaniste avait-il jamais foulé ces prairies où
» croissent des plantes intéressantes ? Aujourd'hui
» l'industrie y a déployé ses tentes et l'emplit de ses
» bruits ; de jolies routes la parcourent, la vapeur y
» fatigue déjà les échos de ses sifflements. »

Aussi bien que dans ses études et ses travaux, vous
retrouverez ce style élégant, imagé, dans la correspondance de M. Alexandre Malbranche. Il écrivait à son
frère en 1884 : « J'ai en ce moment une fièvre qui
» m'oblige à négliger un peu ma correspondance et mes
» meilleurs amis, ajoute à cela qu'elle n'est pas inter-
» mittente et que l'accès me prend tous les jours à mon
» lever pour me quitter à onze heures le soir. Rassure-
» toi, il ne s'agit que d'une fièvre botanique que j'ai
» gagnée au contact de plus enragés et de plus heureux

» que moi. Une collaboration précieuse, une bibliothè-
» que très riche, des compagnons d'excursions aimables
» ou érudits ont été les causes déterminantes de cette
» indisposition scientifique ; l'autre ne s'en trouve pas
» plus mal. » M. Malbranche était déjà souffrant à cette
» époque.

En 1887, quelques mois avant sa mort, tout malade
qu'il était, ses sociétés le préoccupaient encore. A propos
de la réception de M. Leconte de Lisle à l'Académie
Française, il disait à son frère : « On ne lit guère nos
» réceptions à l'Académie de Rouen et cependant elles
» ne manquent pas d'une certaine forme littéraire très
» agréable ; je t'engage à lire celles du dernier volume ;
» les réponses de M. l'abbé Loth n'en sont pas le moin-
» dre attrait. Croit-on que l'éloquence, la poésie, la
» belle peinture soient le privilège des gens habitant
» le département de la Seine ? »

Je voudrais glaner encore dans les excellentes pages
sorties de la plume de mon savant et regretté collègue
et pouvoir vous en faire une plus complète analyse,
mais je ne veux pas retenir davantage votre bienveillante attention et abuser plus longtemps de vos moments.

Du reste qu'ai-je besoin de faire ici l'éloge de
M. Malbranche, ici où il ne compta que des amis et des
admirateurs, ici où il a laissé le plus aimable souvenir.

Depuis quelques années sa santé périclitait, mais il
supportait ses souffrances avec une patience résignée
et ne s'en plaignait que comme d'un obstacle aux
études qui avaient fait la passion et l'ornement de sa
vie. Une perte cruelle, celle d'un gendre qu'il affection-
nait, ouvrit dans son cœur une blessure qui ne devait
pas se fermer. Pour soutenir le courage de Mme Malbranche, la digne compagne de sa vie, il essaya de
surmonter sa propre peine, mais ses forces ne furent
plus à la hauteur de sa volonté.

Le 16 mai 1888, cette belle existence s'éteignait sans souffrances et sans plaintes ; Alexandre Malbranche est mort comme il avait vécu, fidèle à ses principes, c'est-à-dire avec un grand sentiment de foi et d'espérances chrétiennes.

Au champ du repos, en présence d'une assistance nombreuse, triste et recueillie, M. Paul Allard, Président de l'Académie de Rouen, M. Le Marchand, Président de la Société des Amis des Sciences naturelles, et M. le docteur Deshayes, au nom du Conseil départemental d'hygiène, ont résumé, en termes émus et dans un langage élevé, cette vie si utilement, si largement remplie.

« Ceux » disait M. Héron, Président de la Société d'horticulture, dans l'éloge qu'il consacrait à la mémoire de son ancien collaborateur, « ceux qui ont eu l'hon-
» neur d'entretenir des relations avec M. Malbranche
» jusqu'à la fin de sa carrière, peuvent vous dire qu'il
» resta ce qu'il avait toujours été : un savant aussi
» consciencieux que modeste, un travailleur infatiga-
» ble, et ce qui vaut mieux que tout le reste, un homme
» de bien. M. Malbranche fut de ceux qu'on ne doit pas,
» qu'on ne peut pas oublier. »